JUGEMENT

DU TRIBUNAL CRIMINEL

DU DEPARTEMENT DU TARN,

Du 3 Avril 1793, l'an fecond de la République Françaife.

QUI condamne à mort Joseph FEDOU, Baptiste RICARD, Marc ZEVERSAC, & Dominique POULHIES, convaincus d'attentat contre-révolutionnaire, & d'oppofition au recrutement.

AL. Ph. Aug. FOSSÉ, Accufateur public près le Tribunal criminel du Département du Tarn, a dit :

CITOYENS MAGISTRATS,

. . . .

. . . .

UNE confpiration horrible & cruelle, des projets finiftres, des plans de dévaftation, d'horreur & de mort, étoient fucceffivement formés depuis le commencement de la révolution,

par l'affreux conseil autrichien , contre la nation française. Par
ses déprédations incalculables , par son luxe scandaleusemen
ruineux, & par sa crapuleuse dissolution, la cour, la détestable
cour de Louis-Capet avoit forcé le peuple de rentrer dans les
droits imprescriptibles de la nature. Ce méprisable tyran, son
infame épouse & ses vils courtisans avoient fait sur l'autel des
furies l'abominable serment de l'asservir ou de le détruire.
Orgueilleusement vaine , basse & rampante, la noblesse s'étoit
associée à ces sunestes complots. Le clergé corrompu , vindicatif
& séditieux avoit juré, & par intérêt & par cruauté , de les
appuyer de tout l'empire qu'ont les préjugés religieux sur des
ames simples, faciles & crédules. Cette criminelle coalition,
tous ces plans, tous ces moyens combinés sembloient leur pro-
mettre le plus infaillible succès. Mais la divine providence se
rit & se joue des projets des méchans ; elle a manifesté sa protection particuliere dans toutes les circonstances décisives, depuis
la nuit du 5 au 6 Octobre 1789 jusqu'à l'affreuse conjuration du
mois de Mars dernier. Le siege de ce volcan étoit dans l'infernal
château des Tuileries. De ce centre ténébreux se répandoient,
par des ramifications sans nombre , des exhalaisons pestilentielles,
jusques dans les extrêmités des départemens méridionaux , dans
lesquels les commotions étoient plus ou moins violentes , en
raison du degré plus ou moins exalté des principes politiques
& moraux qui les avoient infectés. La déchéance du roi , l'abo-
lition de la royauté, le supplice du tyran sembloient devoir
abattre sans retour , & éteindre à jamais ces dangereuses in-
flammations : mais l'ambition des despotes, l'orgueil des nobles,
la rage des prêtres s'envénimoient de la protection même que
le ciel, dans toute sa justice, accorde à la révolution : semblables
à ces exhalaisons pestilentiellement méphitiques, qui, plus elle

font comprimées, plus leurs explofions deviennent dangereufes & terribles.

. . . .
. . . . n .

Nos légiflateurs ayant fenti qu'une guerre de république, fur-tout dans la pofition où nous nous trouvons, doit être courte quoique fanglante, ont décidé, dans toute leur fageffe, qu'il falloit abattre d'un feul coup toutes les têtes de l'hydre. Cette réfolution a fait frémir les tyrans & leurs fatellites. Si le recrutement, ont-ils dit, a lieu, la liberté triomphe, & le defpotifme eft anéanti. Si l'on parvient à le fufpendre ou à le faire manquer, la nation peut s'épuifer par fes propres efforts : fa fureté eft compromife, & le peuple peut facilement être abattu. Il a donc fallu, pour y mettre obftacle, que la horde tyrannique, no. biliaire & facerdotale r'envénimât toute fa rage, mît en jeu tous fes moyens pour détourner ce dernier coup : & voilà, CITOYENS, l'unique caufe de toutes ces criminelles manœuvres qu'on a mis en jeu pour faire manquer le recrutement dans toutes les parties de la république, & pour faire éclater à la même époque les différentes explofions extérieures & intérieures qui devoient porter dans les cœurs des patriotes la confternation, le défefpoir & la mort. C'eft ainfi que calculent les lâches. Les hommes fiers, intrépides & généreux ont d'autres calculs. Nos ennemis ont cru pouvoir compter fur les effets des trahifons, des perfidies & des crimes : les patriotes comptent fur leur bravoure, fur leur courage & fur leurs vertus. Qu'à l'annonce de ces nouvelles horreurs, ils s'élevent tous enfemble, & pour une derniere fois ! Sans un effort de la plus fublime énergie, les intérêts les plus précieux font compromis. CITOYENS, la patrie eft dans fon plus grand danger ; les horreurs de la guerre civile défolent

quelques-uns de nos départemens maritimes. Des avides cor-
faires y ont vomi de ces monftres dénaturés qu'on auroit dû
étouffer dès leur naiffance. Des villes font pillées, des femmes
& des filles violées, des enfans égorgés dans les bras de leurs
meres expirantes; & pour encourager à toutes ces horreurs, des
prêtres fanatiques & furieux, le figne de la rédemption à la
main, foufflent dans quelques cœurs foibles, ignorans & féduits,
la rage des furies, au nom d'un Dieu de clémence, de miféri-
corde & de paix. Par cette facrilege invitation, ils les portent
jufqu'à déchirer le fein qui les a nourris, jufques à abreuver du
fang de leurs freres la terre qui les a vu naître. C'eft pour
mettre un frein à toutes ces perfidies; c'eft pour oppofer une
barriere fanglante à toutes ces abominables horreurs, qu'a été
portée la loi du 19 du mois de Mars dernier : loi terrible, mais
néceffaire; terrible pour les vils fuppôts de l'ariftocratie no-
biliaire & facerdotale; néceffaire, indifpenfable dans les circonftances, & l'unique port de falut pour les patriotes.

. . . .
. . . .

Vous vous rappellerez, CITOYENS, que, par les dépofitions
des témoins, il eft conftant qu'il y avoit un complot évidem-
ment formé de s'oppofer à Caftres, par tous les moyens poffibles,
au recrutement, & de profiter de cette circonftance pour nous
précipiter dans toutes les horreurs de la guerre civile. Des vils
& infames agens vont courir les campagnes pour furprendre ces
fimples & honnêtes citoyens, fe poftent aux avenues de cette
ville, pour les empêcher de fe rendre à l'appel de la loi. Ils
fe laiffent perfuader que s'ils s'attroupent au Jeu-de-Mail, au lieu
de fe rendre au lieu défigné par la Municipalité, il n'y aura point
de fort. On abufe de ces mots facrés : *la liberté eft décrétée*; on les

engage à quitter leurs cocardes; on a la fcélératesse de leur pro-
pofer de les fouler aux pieds. Pénétré d'une fainte indignation ,
un citoyen cultivateur répond *qu'on lui enlevera plûtôt la tête
que la cocarde que lui a donné la conftitution.* Quelques-uns
ont la foibleffe de fe laiffer entraîner à cette invitation perfide
& criminelle : mais bientôt la voix de la patrie fe fait entendre :
un avis falutaire frappe leurs oreilles , & prefque tous reprennent
ce figne honorable & glorieux de notre liberté.

▬ Lâches & infames féducteurs , qui cherchez à enchaîner nos
mains par les fers ignominieux de la tyrannie ! vous voulez auffi
criminellement faire courber nos têtes fous le joug du plus avi-
liffant fervage : les vôtres feront abattues.

CITOYENS , il n'y a plus à pactifer. Le peuple veut être libre ;
fes ennemis veulent l'affervir : voilà un combat engagé à ou-
trance. Quelle doit en être l'iffue ? Le glaive de la loi va ré-
foudre la feconde partie de ce problême ; le courage des patriotes
& la juftice divine décideront la premiere. . . . . . .

. . . .

Vous venez d'entendre , CITOYENS , qu'il fuffit d'un procès
verbal revêtu de deux fignatures , ou d'un procès verbal revêtu
d'une fignature , & appuyé de la dépofition d'un témoin , ou
de la dépofition orale & uniforme de deux témoins , d'être
prêtre , noble , ou ci-devant feigneur , ou émigré , agent ou domeftique de toutes ces perfonnes , d'être étranger , d'avoir eu
des emplois ou exercé des fonctions publiques dans l'ancien gouvernement ou depuis la révolution ; d'avoir provoqué ou maintenu quelques-uns des attroupemens des révoltés ; d'être chef ,
inftigateur ; d'avoir eu des grades dans ces attroupemens , ou
d'être convaincu de meurtre , d'incendie ou de pillage , pour
devoir fubir la peine de mort. D'après les difpofitions for-

B

melles de cette loi, en préfence du Dieu vivant, vengeur de l'iniquité & de l'injuftice, fo s les yeux de nos concitoyens, dont l'eftime eft devenue pour nous un befoin; éclairé du flambeau d'une confcience, qui, pendant cinquante-deux ans d'une vie auftere & laborieufe, s'eft toujours maintenue pure & fans reproche; en exécution d'une loi terrible, mais néceffaire, ne faifant uniquement qu'appliquer fes difpofitions aux dépofitions des témoins qui doivent nous fervir de bafe, & dont nous avons pefé le mérite & la force dans toute la maturité de la réflexion; la trifteffe & la défolation dans le cœur, fentimens que l'on doit pardonner à l'humanité & aux liens de la fociété, dont les feuls patriotes favent apprécier la fainteté & les douceurs; mais avec la fermeté & l'impartialité d'un homme libre, digne, au moins par fes fentimens, d'exercer le miniftere augufte & redoutable qu'il tient pour la feconde fois de la confiance de fes concitoyens, nous difons, en notre ame & confcience, que nous ne faurions voir dans les prévenus qu'on nous préfente, aucun de ces chefs de révoltés que défigne la loi : ils n'en ont ni les marques ni le caractere. Mais nous voyons dans quelques-uns d'entr'eux des inftigateurs, des coupables agitateurs, des criminels agens que les grands confpirateurs ont fu, par une infernale adreffe, faire mouvoir à leur gré; des triftes victimes des préjugés religieux que, le foufle impur & facrilege des prêtres avoit exaltés jufqu'au délire (1), qui, depuis le commencement de

---

[1] Anathéme & exécration éternelle fur leurs têtes. Les Annales de toutes les Nations du monde font foi que dans tous les fiecles & dans toutes les parties du globe, ils ont, à quelques très-petites exceptions près, conftamment été l'opprobre du genre humain & le fléau des peuples. L'hiftoire de la révolution fera le complément de cette funefte & épouvantable vérité.

la révolution , dans toutes les circonftances critiques ; par les mêmes inftigations fans doute , ont eu l'audace & la témérité de lutter contre les lois , & de braver l'autorité légitime. Ils ont donc rompu , autant qu'il a été en leur pouvoir , le pacte focial : la fociété à fon tour les réprouve & les condamne. L'humanité parle : mais la patrie eft dans fon plus grand danger; mais la loi eft impérieufe & ne fouffre aucune interprétation. Adaptant donc uniquement les dépofitions des témoins aux difpofitions de la loi, nous difons qu'il y a lieu. . .

. . . .

. . . .

VU l'Arrêté du Directoire du Département, en date du 17 Mars dernier , contenant dénonce d'un attroupement contrerévolutionnaire , arrivé le même jour dans la ville de Caftres , à l'occafion du recrutement.

VU auffi la Loi du 19 du même mois, concernant la punition de ceux qui font ou feront prévenus d'avoir pris part à des révoltes ou émeutes contre-révolutionnaires qui ont eu ou qui auroient lieu à l'époque du recrutement, dûment publiée & enregiftrée au greffe du Tribunal ;

Après avoir fait publiquement fubir l'interrogatoire à Baptifte Ricard , Tailleur d'habits ; Marc Zeverfac , dit Périgord , Cuifinier de la veuve du ci-devant Comte de Bonnes ; Jofeph Fedou , Plâtrier ; Jacques Fraiffe , Cordonnier ; Jofeph Ginefte , Blanchier ; Guillaume Bardou , Forgeron ; Baptifte Rigal , Parcheminier ; Jean Vialele fils, Menuifier ; Jean Corbiere , Perruquier ; Jacques Pradal, Maréchal-Ferrant ; Jean Ferau , garçon

Cordonnier ; Joseph Cabrol , Tisserant ; Pierre Combes , Maçon , tous habitans de Castres ; à Dominique Poulhés , Domestique du ci-devant Chevalier de Senegas, demeurant à Puechauriol, Municipalité de Castres ; à Louis Mercier , Jardinier à Bouffanet, Municipalité de Castres ; à Jean Passebosc, Jardinier à la Métairie d'Enpoul, Municipalité de Castres, & à Jean Roger, dit Canounxé, Jardinier à Sendrone , Municipalité de Saix, tous détenus prisonniers, & accusés d'avoir provoqué ou maintenu l'attroupement des révoltés, ou d'y avoir participé.

Après avoir en outre pris & reçu publiquement , & en présence des accusés , les dépositions orales de soixante-six témoins ;

OUI l'Accusateur public en ses conclusions motivées ;

Considérant qu'il résulte desdites dépositions, 1°. que le Samedi 16 Mars dernier, plusieurs jeunes gens de la ville se rendirent à Maurel & à Severac pour engager les jeunes gens de la campagne à se réunir à eux, leur disant qu'ils devoient se rendre le lendemain au Jeu-de-Mail, & non au lieu désigné par la Municipalité pour le recrutement ; que c'est au Jeu-de-Mail où ils tireroient le sort ; que *la liberté étoit décrétée.*

2°. Que le Dimanche matin 17 Mars, jour fixé pour le recrutement, des quidams furent postés aux avenues de la Ville pour empêcher les jeunes gens de la campagne d'aller au lieu défigné par la Municipa'ité ; les forcer de fe rendre au Jeu-de-Mail, & de quitter la cocarde ; que par ce moyen il n'y auroit point de fort.

3°. Que vers les huit heures matin, l'attroupement commença à fe former au Jeu-de-Mail, & que parmi les attroupés il y en avoit environ deux cents qui avoient quitté leur cocarde ; que certains d'entr'eux, au nombre d'environ cinquante, ne la reprirent que fur la repréfentation de deux Citoyens, qui éprouverent même des mortifications dans une conduite auffi louable.

4°. Que l'attroupement courut les rues de la Ville ; que plufieurs des attroupés étoient fans cocarde, & que tous enfemble, ou tantôt les uns, tantôt les autres, crioient : *vive la liberté ; point de fort ; il faut tous partir ; à bas les cocardes.*

5°. Que le bruit fe répandit dans la Ville que fi la jeuneffe fe rendoit au lieu défigné par la Municipalité, elle y feroit égorgée.

6°. Que l'attroupement étoit compofé d'environ deux mille perfonnes, quoiqu'il n'y eût pas dans la Municipalité huit cents jeunes gens effectifs fujets à la Loi du recrutement.

7°. Que l'attroupement, après avoir parcouru les rues de la Ville, revint au Jeu-de-Mail, où il fut rangé & aligné par ceux qui étoient à la tête ; que parti du Jeu-de-Mail, il fut rencontré par les Commiffaires des Corps conftitués & par la force armée, dans la rue & près le Crucifix de Villegoudou ; que l'un de ceux qui étoient à la tête de l'attroupement, oppofa de la réfiftance aux Corps conftitués, au point que le Préfident du Département fut obligé de faire avancer la force armée.

8°. Que l'attroupement ayant retrogradé, & étant arrivé fur

l'efplanade, il fe divifa en pelotons; que la force armée voulant rétablir l'ordre, fut affaillie à coups de pierres, ainfi que les Autorités conftituées; que quelques particuliers ont été bleffés & maltraités, & que certains des attroupés réuniffoient encore leurs efforts pour rallier l'attroupement.

Enfin, que lorfque les attroupés crioient : *point de fort, il faut tous partir*, ils entendoient par là faire partir avec eux, & à leur tête, les membres des Corps conftitués.

D'APRES CETTE ANALYSE, LE TRIBUNAL, jugeant que l'attroupement dont s'agit a tous les caracteres d'une révolte ou émeute contre-révolutionnaire, pour s'oppofer au recrutement; que par cette raifon les accufés font dans le cas de la Loi du 19 Mars ci-deffus citée : déclarant pertinens & admiffibles les reproches propofés par les accufés contre André Blanc, l'un des témoins ouïs, & rejettant fa dépofition : déclarant au contraire inadmiffibles ceux propofés contre Jean-Pierre Baffiniac, autre témoin, DECLARE Jofeph Fedou, Plâtrier, demeurant à Caftres, convaincu d'avoir provoqué & maintenu l'attroupement des révoltés; Baptifte Ricard, Tailleur, auffi demeurant à Caftres, convaincu d'avoir fait réfiftance à la Loi, de l'avoir provoquée, & d'avoir maintenu l'attroupement des révoltés; Dominique Poulhés, convaincu d'avoir pris part à la révolte, & d'être Domeftique du ci-devant Chevalier de Seneges : déclare auffi Marc Zeverfac, dit Périgord, convaincu d'avoir pris part à la révolte, & d'être Domeftique de la veuve du ci-devant Comte de Bonnes, en qualité de Cuifinier : & conformément aux articles I, IV & VI de la Loi dudit jour 19 Mars, ainfi conçus : [Art. premier] " Ceux » qui font ou feront prévenus d'avoir pris part aux révoltes

,, ou émeutes contre-révolutionnaires qui ont éclaté ou qui
,, éclateroient à l'époque du recrutement dans les différens
,, Départemens de la République, & ceux qui auroient pris
,, ou prendroient la cocarde blanche, ou tout autre signe de
,, rébellion, sont hors de la Loi; en conséquence, ils ne peu-
,, vent profiter des dispositions des Lois concernant la procé-
,, dure criminelle & l'institution des Jurés. [Art. IV.] Ceux
,, qui ayant porté les armes ou ayant pris part à la révolte
,, & aux attroupemens, auront été arrêtés sans armes, ou
,, après avoir posé les armes, seront envoyés à la maison de
,, justice du Tribunal criminel du Département; & après avoir
,, subi un interrogatoire, dont il sera retenu note, ils seront,
,, dans les vingt-quatre heures, livrés à l'Exécuteur des Jugemens
,, criminels, & mis à mort, après que les Juges du Tribunal
,, auront déclaré que les détenus sont convaincus d'avoir
,, porté les armes parmi les révoltés, ou d'avoir pris part à
,, la révolte, le tout sauf la distinction expliquée dans l'ar-
,, ticle VI. [Article VI.] Les Prêtres, les ci-devant Nobles,
,, les ci-devant Seigneurs, les Emigrés, les Agens & Domes-
,, tiques de toutes ces personnes, les étrangers, ceux qui ont
,, eu des emplois ou exercé des fonctions publiques dans
,, l'ancien gouvernement ou depuis la révolution; ceux qui
,, auront provoqué ou maintenu quelques-uns des attroupemens
,, des révoltés; les chefs, les instigateurs; ceux qui auront des
,, grades dans ces attroupemens, & ceux qui seroient con-
,, vaincus de meurtre, d'incendie ou de pillage, subiront la
,, peine de mort.

,, Quant aux autres détenus, ils demeureront en état d'ar-
,, restation, & il ne sera statué à leur égard, qu'après un
,, Décret de la Convention nationale, sur le compte qui lui

,, en fera rendu. ,, CONDAMNE A MORT lefdits Jofeph Fedou , Baptifte Ricard , Dominique Paulhés & Marc Zevetfac, dit Périgord : déclare leurs biens acquis & confifqués au profit de la Nation , conformément à l'article VII de ladite Loi.

Déclare Baptifte Rigal, Parcheminier ; Jean Vialele fils , Menuifier ; Jacques Fraiffe, Cordonnier; Jofeph Ginefte, Blancher; Guillaume Bardou, Forgeron, habitant de Caftres ; Jean Paffebofc , Jardinier à Enpoul, Municipalité de Caftres , & Jean Roger, dit Canounxé, Jardinier à Sendronne , Municipalité de Saix, convaincus d'avoir pris part à l'attroupement des révoltés ; & conformément à la difpofition de la feconde partie de l'article VI de ladite Loi, ordonne que lefdits Baptifte Rigal , Jean Vialele fils , Jacques Fraiffe , Jofeph Ginefte , Guillaume Bardou , Jean Paffebofc, & Jean Roger dit Canounxé, demeureront en état d'arreftation, jufqu'à ce qu'il foit ftatué à leur égard par un Décret de la Convention nationale , fur le compte qui lui en fera rendu.

Déclare enfin Jean Corbiere, Perruquier; Jacques Pradal, Maréchal-ferrant; Jofeph Cabrol, Tifferant ; Jean Ferau, garçon Cordonnier ; Pierre Combes , Maçon , habitans de Caftres , & Louis Marcier, Jardinier à Bouffanet , Municipalité de Caftres, non convaincus d'avoir pris part audit attroupement : ordonne en conféquence que lefdits Corbiere, Pradal, Cabrol, Ferau , Combes & Marcier feront fur le champ mis en liberté.

Ordonne que le préfent Jugement fera exécuté à la diligence du Commiffaire national près le Tribunal du Diftrict de Caftres.

Et fur les conclufions de l'Accufateur public, ordonne qu'il fera imprimé au nombre de fix cents exemplaires, pour être envoyé & affiché dans toutes les Municipalités du Département.

Prononcé à Caftres, le 3 Avril 1793, l'an fecond de la République Françaife, à l'Audience du Tribunal crimlnei du Département du Tarn, qui a commencé le 31 Mars dernier. Préfens, Louis DEFOS, préfident ; GACHES & BATAILLE, juges fervant pendant le trimeftre de Janvier, & JUSTI, Juge du Diftrict de Caftres, à la place de TEYSSONIERES, abfent, Juge fervant pendant ledit trimeftre.

Au nom de la République Françaife, il eft enjoint à tous Huifiers fur ce requis de mettre le préfent Jugement à exécution, aux Commiffaires nationaux d'y tenir la main, & à tous Commandans & Officiers de la force publique, de prêter main forte lorfqu'ils en feront légalement requis. En foi de quoi le préfent Jugement a été figné par le Préfident & le Greffier du Tribunal.

Collationné,

B A R I C, Greffier.

Nota. *Le préfent jugement a été mis à exécution ledit jour, à neuf heures du foir.*

A C A S T R E S,

DE l'imprimerie nationale du Citoyen R O D I E R E; l'an fecond de la République francaife.